MORNING THERAPIST

A JOURNAL BOOK FOR PERSONAL GROWTH

by barbara jean

Published by Sun Lion Publications in 2017
First Edition; First Printing

Design and writing © 2017 Barbara Jean

Sun Lion Publications - www.sunlionpublications.com

I mention the inspiration for my morning routine from The Miracle Morning Book by Hal Elrod quite a bit in this journal book, however, I am not affiliated with, nor am I implying endorsement by Hal in any way. I am just a fan of his!

Cover pattern and most book illustrations designed by Freepik.com, with the exception of:
A few of the watercolor backgrounds and vectors, the people dancing silhouette - designed by kjpargeter on Freepik.com, 4 of the elegant hand drawn frames from the quotes page - designed by visnezh on Freepik.com.

All rights reserved. No part of this book may be reproduced or transmitted in any form or by any means, including but not limited to information storage and retrieval systems, electronic, mechanical, photocopy, recording, etc. without written permission from the copyright holder.

ISBN 978-0-9967599-2-2

www.ingramcontent.com/pod-product-compliance
Lightning Source LLC
Chambersburg PA
CBHW060455300426
44113CB00016B/2603

TO THOSE WHO ARE SEEKING
A BETTER LIFE.

HOW TO USE THIS JOURNAL BOOK

The purpose of this book is to keep all of your morning personal growth routine information organized in one, easy-to-find place. Here are some guidelines so you can make the most out of using this book:

1. Use the Table of Contents, and if you have specific ideas you want to remember or access often on any of your journal pages, hand write those page numbers in on the notes page next the TOC. This will make it easy for you to find those ideas later. Sort of like making a table of contents for your own stuff.

2. Fill in the goals you have for yourself, and try to review them every morning as part of your routine. It will let your subconscious mind know that you are serious about making your life a success. So Write them down and make them happen!

3. Use the "Wild Card" pages for anything not already covered in this book, like prayers, Bible verses, questions to ask yourself, doodles or maybe even for brain dumping.

4. The "Daily Gratitude Quick Pick" pages are to list 3 things every day that you are grateful for. Challenge yourself to never use the same one twice! There is also a spot on the daily journal entry pages for the thing you are most grateful for that day. Over time you will see how many good things you really do have in your life. I made them short so they don't have to take a lot of time out of your day. I write things like " The sun is out today".

5. If you have never heard of "I am" statements before, they are meant to state desired traits that you would like to see in yourself, with the theory that over time, this will influence your subconscious mind. An example: "I am worthy". Read these along with your daily morning routine.

6. Oh, and this isn't really part of the book itself, but a tip that I find helpful. Every time you take a drink of something during the day, mentally say one of your affirmations, (use one for whatever you are working on) or I am statements. It's a great way to program your brain for something that you want.

7. Enjoy having all of your morning routine information at your fingertips!

☺

NOTES FOR FINDING SPECIFIC CONTENT IN THIS BOOK:
(EX: QUOTE ON PAGE 13, FRAME 2)

....
....
....
....
....
....
....
....
....
....
....
....
....
....
....
....
....
....
....
....
....
....
....
....
....
....
....

TABLE OF CONTENTS

YOUR BIG WHY, YOUR PURPOSE & WORD FOR THE YEAR 1

YOUR GOALS FOR THE YEAR 2-3

BOOKS I HAVE READ 4-7

BOOKS TO READ 8-11

QUOTES 12-19

I AM STATEMENTS 20-25

MOTIVATION/AFFIRMATIONS 26-33

WILD CARD PAGES 34-45

DAILY GRATITUDE QUICK PICKS 46-97

MAIN JOURNAL PAGES 98-201

NOTES-SCRIBBLES-AHA'S 202-209

END OF YEAR THOUGHTS 210-211

RESOURCES 212

THE END

INTRODUCTION

Hi, I don't want to take a lot of your time here, I would just like to say a little bit about what having a daily personal development routine has done for me, and maybe give you a quick break down if you have never done a morning routine before.

In 2016, I had come to a point in my life where I was very unhappy, anxious all the time, and my life did not look anything like I wanted it to be. I was having a very difficult time with my finances, was overweight, not sleeping well, negative and worrying all the time. I felt helpless to do anything to change - it all seemed so overwhelming. Luckily, a woman I spoke to mentioned that I could get some clarity by reading "The Miracle Morning" by Hal Elrod. So I did, and I started implementing the morning routine into my life.

I can honestly say that while some things improved right away, it was about a year before I really started noticing a big difference.

While everything is not perfect, and I think I will always have some things to "work" on, my quality of life is substantially so much better. I feel like I am living my life now, instead of waiting for the next bad thing to happen to me.

Anyhow, this is how my morning routine breaks down:
15-20 minutes of gratitude, motivation, affirmations and I am statements.
10 minutes of reading.
Up to 30 minutes of meditating/silence.
Some days I do a shortened version, depending on time.
I have breakfast, check in on my computer, then I do up to 30 minutes of exercise, take a shower and get ready for the day. It is a comfortable and doable routine for me, you may need to do things differently to fit your lifestyle. Also, it is worth mentioning that while early morning may work for some, it may not work for you, so your "morning" routine is whenever you can fit it into your schedule.

It really is all up to you!
Take care & best wishes,
Barbara Jean

I find the words below from Oprah Winfrey to be very inspiring:

WISE WORDS FROM OPRAH:

BELIEVE

EVERYONE MAKES MISTAKES

FIND YOUR PURPOSE

HIGHEST EXPRESSION OF YOURSELF

RELAX, IT'S GOING TO BE OKAY

RUN THE RACE AS HARD AS YOU CAN

SEIZE YOUR OPPORTUNITY

STAY GROUNDED

WE ARE ALL SEEKING THE SAME THING

WHAT IS THE RIGHT NEXT MOVE?

WORK ON YOURSELF

This journal book is based on a whole morning routine that I learned from Hal Elrod in his book 'The Miracle Morning', which I credit with giving me the ideas and tools I needed to change my life. I tweaked my routine a bit over the past year, and set this book up in a way that works for me, and hopefully for you too.

If you have not heard of that book yet, I highly recommend reading it, as it goes into depth about having a morning routine and how to do it.

You can learn more at: www.miraclemorning.com

Next, I would like to mention that it helps to have a big reason "why" for sticking to a daily routine, to help motivate you on those days when you really, really don't feel like doing it. Please write in your "why" below, to refer to when you might need a little push in the morning. Then think about what you really want to do and write that in too.

Last, write in your word for the year if you have one. It is usually something that keeps showing up as a theme.

REASON(S) WHY I WANT TO DO MY MORNING ROUTINE:
_____
_____
_____

MY PURPOSE STATEMENT - WHAT DO I WANT TO DO?
_____
_____
_____

MY WORD FOR THIS YEAR: _____

Best wishes,
Barb

 YEAR: GOALS

HEALTH: _____

FINANCES: _____

FITNESS: _____

MINDSET: _____

RELATIONSHIPS: _____

SPIRITUALITY: _____

WRITE YOUR OWN TITLES IN

CAREER: _____
_____
_____

FUN: _____
_____
_____

_____ : _____
_____
_____

_____ : _____
_____
_____

_____ : _____
_____
_____

_____ : _____
_____
_____

BOOKS I HAVE READ

1
TITLE _____
AUTHOR _____

2
TITLE _____
AUTHOR _____

3
TITLE _____
AUTHOR _____

4
TITLE _____
AUTHOR _____

5
TITLE _____
AUTHOR _____

6
TITLE _____
AUTHOR _____

7
TITLE _____
AUTHOR _____

8
TITLE _____
AUTHOR _____

BOOKS I HAVE READ

9
TITLE _____
AUTHOR _____

10
TITLE _____
AUTHOR _____

11
TITLE _____
AUTHOR _____

12
TITLE _____
AUTHOR _____

13
TITLE _____
AUTHOR _____

14
TITLE _____
AUTHOR _____

15
TITLE _____
AUTHOR _____

16
TITLE _____
AUTHOR _____

BOOKS I HAVE READ

17
TITLE _____
AUTHOR _____

18
TITLE _____
AUTHOR _____

19
TITLE _____
AUTHOR _____

20
TITLE _____
AUTHOR _____

21
TITLE _____
AUTHOR _____

22
TITLE _____
AUTHOR _____

23
TITLE _____
AUTHOR _____

24
TITLE _____
AUTHOR _____

BOOKS I HAVE READ

25
TITLE _____
AUTHOR _____

26
TITLE _____
AUTHOR _____

27
TITLE _____
AUTHOR _____

28
TITLE _____
AUTHOR _____

29
TITLE _____
AUTHOR _____

30
TITLE _____
AUTHOR _____

31
TITLE _____
AUTHOR _____

32
TITLE _____
AUTHOR _____

 # BOOKS TO READ

1
TITLE _____
AUTHOR _____

2
TITLE _____
AUTHOR _____

3
TITLE _____
AUTHOR _____

4
TITLE _____
AUTHOR _____

5
TITLE _____
AUTHOR _____

6
TITLE _____
AUTHOR _____

7
TITLE _____
AUTHOR _____

8
TITLE _____
AUTHOR _____

 # BOOKS TO READ

9
TITLE _____
AUTHOR _____

10
TITLE _____
AUTHOR _____

11
TITLE _____
AUTHOR _____

12
TITLE _____
AUTHOR _____

13
TITLE _____
AUTHOR _____

14
TITLE _____
AUTHOR _____

15
TITLE _____
AUTHOR _____

16
TITLE _____
AUTHOR _____

 # BOOKS TO READ

17
TITLE _____
AUTHOR _____

18
TITLE _____
AUTHOR _____

19
TITLE _____
AUTHOR _____

20
TITLE _____
AUTHOR _____

21
TITLE _____
AUTHOR _____

22
TITLE _____
AUTHOR _____

23
TITLE _____
AUTHOR _____

24
TITLE _____
AUTHOR _____

 # BOOKS TO READ

25
TITLE _____
AUTHOR _____

26
TITLE _____
AUTHOR _____

27
TITLE _____
AUTHOR _____

28
TITLE _____
AUTHOR _____

29
TITLE _____
AUTHOR _____

30
TITLE _____
AUTHOR _____

31
TITLE _____
AUTHOR _____

32
TITLE _____
AUTHOR _____

I AM... STATEMENTS

I AM... STATEMENTS

I AM... STATEMENTS

I AM... STATEMENTS

I AM... STATEMENTS

I AM... STATEMENTS

MOTIVATION / AFFIRMATIONS

MOTIVATION / AFFIRMATIONS

MOTIVATION / AFFIRMATIONS

MOTIVATION / AFFIRMATIONS

MOTIVATION / AFFIRMATIONS

MOTIVATION / AFFIRMATIONS

MOTIVATION / AFFIRMATIONS

MOTIVATION / AFFIRMATIONS

WILD CARD SECTION

WILD CARD SECTION

WILD CARD SECTION

WILD CARD SECTION

WILD CARD SECTION

WILD CARD SECTION

WILD CARD SECTION

WILD CARD SECTION

WILD CARD SECTION

WILD CARD SECTION

WILD CARD SECTION

WILD CARD SECTION

 # DAILY GRATITUDE QUICK PICKS

 # DAILY GRATITUDE QUICK PICKS

 # DAILY GRATITUDE QUICK PICKS

1 _____
2 _____
3 _____

 # DAILY GRATITUDE QUICK PICKS

1 _____	1 _____
2 _____	2 _____
3 _____	3 _____

1 _____	1 _____
2 _____	2 _____
3 _____	3 _____

1 _____	1 _____
2 _____	2 _____
3 _____	3 _____

1 _____	1 _____
2 _____	2 _____
3 _____	3 _____

1 _____	1 _____
2 _____	2 _____
3 _____	3 _____

1 _____	1 _____
2 _____	2 _____
3 _____	3 _____

1 _____	1 _____
2 _____	2 _____
3 _____	3 _____

 # DAILY GRATITUDE QUICK PICKS

 # DAILY GRATITUDE QUICK PICKS

 # DAILY GRATITUDE QUICK PICKS

DAILY GRATITUDE QUICK PICKS

1 ______
2 ______
3 ______

1 ______
2 ______
3 ______

1 ______
2 ______
3 ______

1 ______
2 ______
3 ______

1 ______
2 ______
3 ______

1 ______
2 ______
3 ______

1 ______
2 ______
3 ______

1 ______
2 ______
3 ______

1 ______
2 ______
3 ______

1 ______
2 ______
3 ______

1 ______
2 ______
3 ______

1 ______
2 ______
3 ______

1 ______
2 ______
3 ______

1 ______
2 ______
3 ______

 # DAILY GRATITUDE QUICK PICKS

1 _____	1 _____
2 _____	2 _____
3 _____	3 _____

1 _____	1 _____
2 _____	2 _____
3 _____	3 _____

1 _____	1 _____
2 _____	2 _____
3 _____	3 _____

1 _____	1 _____
2 _____	2 _____
3 _____	3 _____

1 _____	1 _____
2 _____	2 _____
3 _____	3 _____

1 _____	1 _____
2 _____	2 _____
3 _____	3 _____

1 _____	1 _____
2 _____	2 _____
3 _____	3 _____

 # DAILY GRATITUDE QUICK PICKS

 # DAILY GRATITUDE QUICK PICKS

 # DAILY GRATITUDE QUICK PICKS

 # DAILY GRATITUDE QUICK PICKS

 # DAILY GRATITUDE QUICK PICKS

1 _____	1 _____
2 _____	2 _____
3 _____	3 _____

1 _____	1 _____
2 _____	2 _____
3 _____	3 _____

1 _____	1 _____
2 _____	2 _____
3 _____	3 _____

1 _____	1 _____
2 _____	2 _____
3 _____	3 _____

1 _____	1 _____
2 _____	2 _____
3 _____	3 _____

1 _____	1 _____
2 _____	2 _____
3 _____	3 _____

1 _____	1 _____
2 _____	2 _____
3 _____	3 _____

 # DAILY GRATITUDE QUICK PICKS

 # DAILY GRATITUDE QUICK PICKS

 # DAILY GRATITUDE QUICK PICKS

1 _____
2 _____
3 _____

1 _____
2 _____
3 _____

1 _____
2 _____
3 _____

1 _____
2 _____
3 _____

1 _____
2 _____
3 _____

1 _____
2 _____
3 _____

1 _____
2 _____
3 _____

1 _____
2 _____
3 _____

1 _____
2 _____
3 _____

1 _____
2 _____
3 _____

1 _____
2 _____
3 _____

1 _____
2 _____
3 _____

1 _____
2 _____
3 _____

1 _____
2 _____
3 _____

1 _____
2 _____
3 _____

 # DAILY GRATITUDE QUICK PICKS

1 _____
2 _____
3 _____

1 _____
2 _____
3 _____

1 _____
2 _____
3 _____

1 _____
2 _____
3 _____

1 _____
2 _____
3 _____

1 _____
2 _____
3 _____

1 _____
2 _____
3 _____

1 _____
2 _____
3 _____

1 _____
2 _____
3 _____

1 _____
2 _____
3 _____

1 _____
2 _____
3 _____

1 _____
2 _____
3 _____

1 _____
2 _____
3 _____

1 _____
2 _____
3 _____

 # DAILY GRATITUDE QUICK PICKS

1 _____
2 _____
3 _____

1 _____
2 _____
3 _____

1 _____
2 _____
3 _____

1 _____
2 _____
3 _____

1 _____
2 _____
3 _____

1 _____
2 _____
3 _____

1 _____
2 _____
3 _____

1 _____
2 _____
3 _____

1 _____
2 _____
3 _____

1 _____
2 _____
3 _____

1 _____
2 _____
3 _____

1 _____
2 _____
3 _____

1 _____
2 _____
3 _____

1 _____
2 _____
3 _____

 # DAILY GRATITUDE QUICK PICKS

 # DAILY GRATITUDE QUICK PICKS

 # DAILY GRATITUDE QUICK PICKS

1	
2	
3	

 # DAILY GRATITUDE QUICK PICKS

1 _____	1 _____
2 _____	2 _____
3 _____	3 _____

1 _____	1 _____
2 _____	2 _____
3 _____	3 _____

1 _____	1 _____
2 _____	2 _____
3 _____	3 _____

1 _____	1 _____
2 _____	2 _____
3 _____	3 _____

1 _____	1 _____
2 _____	2 _____
3 _____	3 _____

1 _____	1 _____
2 _____	2 _____
3 _____	3 _____

1 _____	1 _____
2 _____	2 _____
3 _____	3 _____

 # DAILY GRATITUDE QUICK PICKS

 # DAILY GRATITUDE QUICK PICKS

1 _____
2 _____
3 _____

1 _____
2 _____
3 _____

1 _____
2 _____
3 _____

1 _____
2 _____
3 _____

1 _____
2 _____
3 _____

1 _____
2 _____
3 _____

1 _____
2 _____
3 _____

1 _____
2 _____
3 _____

1 _____
2 _____
3 _____

1 _____
2 _____
3 _____

1 _____
2 _____
3 _____

1 _____
2 _____
3 _____

1 _____
2 _____
3 _____

1 _____
2 _____
3 _____

 # DAILY GRATITUDE QUICK PICKS

 # DAILY GRATITUDE QUICK PICKS

 # DAILY GRATITUDE QUICK PICKS

 # DAILY GRATITUDE QUICK PICKS

| 1 _____ | 1 _____ |
(blank template with 16 boxes, each containing lines numbered 1, 2, 3)

 # DAILY GRATITUDE QUICK PICKS

 # DAILY GRATITUDE QUICK PICKS

1 _____ 2 _____ 3 _____	1 _____ 2 _____ 3 _____
1 _____ 2 _____ 3 _____	1 _____ 2 _____ 3 _____
1 _____ 2 _____ 3 _____	1 _____ 2 _____ 3 _____
1 _____ 2 _____ 3 _____	1 _____ 2 _____ 3 _____
1 _____ 2 _____ 3 _____	1 _____ 2 _____ 3 _____
1 _____ 2 _____ 3 _____	1 _____ 2 _____ 3 _____
1 _____ 2 _____ 3 _____	1 _____ 2 _____ 3 _____

 # DAILY GRATITUDE QUICK PICKS

 # DAILY GRATITUDE QUICK PICKS

1 _____	1 _____
2 _____	2 _____
3 _____	3 _____

1 _____	1 _____
2 _____	2 _____
3 _____	3 _____

1 _____	1 _____
2 _____	2 _____
3 _____	3 _____

1 _____	1 _____
2 _____	2 _____
3 _____	3 _____

1 _____	1 _____
2 _____	2 _____
3 _____	3 _____

1 _____	1 _____
2 _____	2 _____
3 _____	3 _____

1 _____	1 _____
2 _____	2 _____
3 _____	3 _____

 # DAILY GRATITUDE QUICK PICKS

1. _____
2. _____
3. _____

1. _____
2. _____
3. _____

1. _____
2. _____
3. _____

1. _____
2. _____
3. _____

1. _____
2. _____
3. _____

1. _____
2. _____
3. _____

1. _____
2. _____
3. _____

1. _____
2. _____
3. _____

1. _____
2. _____
3. _____

1. _____
2. _____
3. _____

1. _____
2. _____
3. _____

1. _____
2. _____
3. _____

1. _____
2. _____
3. _____

1. _____
2. _____
3. _____

 # DAILY GRATITUDE QUICK PICKS

 # DAILY GRATITUDE QUICK PICKS

1 _____	1 _____
2 _____	2 _____
3 _____	3 _____

 # DAILY GRATITUDE QUICK PICKS

 # DAILY GRATITUDE QUICK PICKS

1 _____
2 _____
3 _____

1 _____
2 _____
3 _____

1 _____
2 _____
3 _____

1 _____
2 _____
3 _____

1 _____
2 _____
3 _____

1 _____
2 _____
3 _____

1 _____
2 _____
3 _____

1 _____
2 _____
3 _____

1 _____
2 _____
3 _____

1 _____
2 _____
3 _____

1 _____
2 _____
3 _____

1 _____
2 _____
3 _____

1 _____
2 _____
3 _____

1 _____
2 _____
3 _____

 # DAILY GRATITUDE QUICK PICKS

 # DAILY GRATITUDE QUICK PICKS

 # DAILY GRATITUDE QUICK PICKS

DAILY GRATITUDE QUICK PICKS

1 __________
2 __________
3 __________

1 __________
2 __________
3 __________

1 __________
2 __________
3 __________

1 __________
2 __________
3 __________

1 __________
2 __________
3 __________

1 __________
2 __________
3 __________

1 __________
2 __________
3 __________

1 __________
2 __________
3 __________

1 __________
2 __________
3 __________

1 __________
2 __________
3 __________

1 __________
2 __________
3 __________

1 __________
2 __________
3 __________

1 __________
2 __________
3 __________

1 __________
2 __________
3 __________

 # DAILY GRATITUDE QUICK PICKS

1 _____	1 _____
2 _____	2 _____
3 _____	3 _____

1 _____	1 _____
2 _____	2 _____
3 _____	3 _____

1 _____	1 _____
2 _____	2 _____
3 _____	3 _____

1 _____	1 _____
2 _____	2 _____
3 _____	3 _____

1 _____	1 _____
2 _____	2 _____
3 _____	3 _____

1 _____	1 _____
2 _____	2 _____
3 _____	3 _____

1 _____	1 _____
2 _____	2 _____
3 _____	3 _____

 # DAILY GRATITUDE QUICK PICKS

1		1	
2		2	
3		3	

1		1	
2		2	
3		3	

1		1	
2		2	
3		3	

1		1	
2		2	
3		3	

1		1	
2		2	
3		3	

1		1	
2		2	
3		3	

1		1	
2		2	
3		3	

 # DAILY GRATITUDE QUICK PICKS

1	1
2	2
3	3

 # DAILY GRATITUDE QUICK PICKS

 # DAILY GRATITUDE QUICK PICKS

1 _____	1 _____
2 _____	2 _____
3 _____	3 _____

1 _____	1 _____
2 _____	2 _____
3 _____	3 _____

1 _____	1 _____
2 _____	2 _____
3 _____	3 _____

1 _____	1 _____
2 _____	2 _____
3 _____	3 _____

1 _____	1 _____
2 _____	2 _____
3 _____	3 _____

1 _____	1 _____
2 _____	2 _____
3 _____	3 _____

1 _____	1 _____
2 _____	2 _____
3 _____	3 _____

 # DAILY GRATITUDE QUICK PICKS

 # DAILY GRATITUDE QUICK PICKS

1 _____	1 _____
2 _____	2 _____
3 _____	3 _____

1 _____	1 _____
2 _____	2 _____
3 _____	3 _____

1 _____	1 _____
2 _____	2 _____
3 _____	3 _____

1 _____	1 _____
2 _____	2 _____
3 _____	3 _____

1 _____	1 _____
2 _____	2 _____
3 _____	3 _____

1 _____	1 _____
2 _____	2 _____
3 _____	3 _____

1 _____	1 _____
2 _____	2 _____
3 _____	3 _____

 # DAILY GRATITUDE QUICK PICKS

1 _____
2 _____
3 _____

1 _____
2 _____
3 _____

1 _____
2 _____
3 _____

1 _____
2 _____
3 _____

1 _____
2 _____
3 _____

1 _____
2 _____
3 _____

1 _____
2 _____
3 _____

1 _____
2 _____
3 _____

1 _____
2 _____
3 _____

1 _____
2 _____
3 _____

1 _____
2 _____
3 _____

1 _____
2 _____
3 _____

1 _____
2 _____
3 _____

1 _____
2 _____
3 _____

 # DAILY GRATITUDE QUICK PICKS

1 _____	1 _____
2 _____	2 _____
3 _____	3 _____

1 _____	1 _____
2 _____	2 _____
3 _____	3 _____

1 _____	1 _____
2 _____	2 _____
3 _____	3 _____

1 _____	1 _____
2 _____	2 _____
3 _____	3 _____

1 _____	1 _____
2 _____	2 _____
3 _____	3 _____

1 _____	1 _____
2 _____	2 _____
3 _____	3 _____

1 _____	1 _____
2 _____	2 _____
3 _____	3 _____

 # DAILY GRATITUDE QUICK PICKS

1 _____	1 _____
2 _____	2 _____
3 _____	3 _____

1 _____	1 _____
2 _____	2 _____
3 _____	3 _____

1 _____	1 _____
2 _____	2 _____
3 _____	3 _____

1 _____	1 _____
2 _____	2 _____
3 _____	3 _____

1 _____	1 _____
2 _____	2 _____
3 _____	3 _____

1 _____	1 _____
2 _____	2 _____
3 _____	3 _____

1 _____	1 _____
2 _____	2 _____
3 _____	3 _____

PRACTICES	M	T	W	TH	F	SAT	SUN	I AM MOST THANKFUL FOR TODAY:
GRATITUDE								M
AFFIRMATIONS								T
READING								W
MEDITATION / QUIET								TH
VISUALIZATION								F
WRITING								SA
EXERCISE								SU

MONDAY / DATE _____ **FOCUS WORD(S):** _____

_____
_____
_____
_____
_____
_____
_____
_____

TUESDAY / DATE _____ **FOCUS WORD(S):** _____

_____
_____
_____
_____
_____
_____
_____
_____

WEDNESDAY / DATE _____ **FOCUS WORD(S):** _____

_____
_____
_____
_____
_____
_____
_____
_____

THURSDAY / DATE _____ FOCUS WORD(S): _____

FRIDAY / DATE _____ FOCUS WORD(S): _____

SATURDAY / DATE _____ FOCUS WORD(S): _____

SUNDAY / DATE _____ FOCUS WORD(S): _____

PRACTICES	M	T	W	TH	F	SAT	SUN	I AM MOST THANKFUL FOR TODAY:
GRATITUDE								M
AFFIRMATIONS								T
READING								W
MEDITATION / QUIET								TH
VISUALIZATION								F
WRITING								SA
EXERCISE								SU

MONDAY / DATE _____ FOCUS WORD(S): _____
_____
_____
_____
_____
_____
_____
_____

TUESDAY / DATE _____ FOCUS WORD(S): _____
_____
_____
_____
_____
_____
_____
_____

WEDNESDAY / DATE _____ FOCUS WORD(S): _____
_____
_____
_____
_____
_____
_____
_____

THURSDAY / DATE _____ FOCUS WORD(S): _____

FRIDAY / DATE _____ FOCUS WORD(S): _____

SATURDAY / DATE _____ FOCUS WORD(S): _____

SUNDAY / DATE _____ FOCUS WORD(S): _____

PRACTICES	M	T	W	TH	F	SAT	SUN	I AM MOST THANKFUL FOR TODAY:
GRATITUDE								M
AFFIRMATIONS								T
READING								W
MEDITATION / QUIET								TH
VISUALIZATION								F
WRITING								SA
EXERCISE								SU

MONDAY / DATE _____ FOCUS WORD(S): _____

_____
_____
_____
_____
_____
_____
_____
_____

TUESDAY / DATE _____ FOCUS WORD(S): _____

_____
_____
_____
_____
_____
_____
_____
_____

WEDNESDAY / DATE _____ FOCUS WORD(S): _____

_____
_____
_____
_____
_____
_____
_____
_____

THURSDAY / DATE _____ **FOCUS WORD(S):** _____
_____
_____
_____
_____
_____
_____
_____
_____

FRIDAY / DATE _____ **FOCUS WORD(S):** _____
_____
_____
_____
_____
_____
_____
_____
_____

SATURDAY / DATE _____ **FOCUS WORD(S):** _____
_____
_____
_____
_____
_____
_____
_____
_____

SUNDAY / DATE _____ **FOCUS WORD(S):** _____
_____
_____
_____
_____
_____
_____
_____
_____

PRACTICES	M	T	W	TH	F	SAT	SUN	I AM MOST THANKFUL FOR TODAY:
GRATITUDE								M
AFFIRMATIONS								T
READING								W
MEDITATION / QUIET								TH
VISUALIZATION								F
WRITING								SA
EXERCISE								SU

MONDAY / DATE _____ FOCUS WORD(S): _____

_____
_____
_____
_____
_____
_____

TUESDAY / DATE _____ FOCUS WORD(S): _____

_____
_____
_____
_____
_____
_____

WEDNESDAY / DATE _____ FOCUS WORD(S): _____

_____
_____
_____
_____
_____
_____

THURSDAY / DATE _____ **FOCUS WORD(S):** _____
_____
_____
_____
_____
_____
_____
_____
_____
_____

FRIDAY / DATE _____ **FOCUS WORD(S):** _____
_____
_____
_____
_____
_____
_____
_____
_____
_____

SATURDAY / DATE _____ **FOCUS WORD(S):** _____
_____
_____
_____
_____
_____
_____
_____
_____
_____

SUNDAY / DATE _____ **FOCUS WORD(S):** _____
_____
_____
_____
_____
_____
_____
_____
_____
_____

PRACTICES	M	T	W	TH	F	SAT	SUN	I AM MOST THANKFUL FOR TODAY:
GRATITUDE								M
AFFIRMATIONS								T
READING								W
MEDITATION / QUIET								TH
VISUALIZATION								F
WRITING								SA
EXERCISE								SU

MONDAY / DATE _____ **FOCUS WORD(S):** _____

TUESDAY / DATE _____ **FOCUS WORD(S):** _____

WEDNESDAY / DATE _____ **FOCUS WORD(S):** _____

THURSDAY / DATE _____ **FOCUS WORD(S):** _____

_____
_____
_____
_____
_____
_____
_____
_____
_____

FRIDAY / DATE _____ **FOCUS WORD(S):** _____

_____
_____
_____
_____
_____
_____
_____
_____
_____

SATURDAY / DATE _____ **FOCUS WORD(S):** _____

_____
_____
_____
_____
_____
_____
_____
_____
_____

SUNDAY / DATE _____ **FOCUS WORD(S):** _____

_____
_____
_____
_____
_____
_____
_____
_____
_____

PRACTICES	M	T	W	TH	F	SAT	SUN	I AM MOST THANKFUL FOR TODAY:
GRATITUDE								M
AFFIRMATIONS								T
READING								W
MEDITATION / QUIET								TH
VISUALIZATION								F
WRITING								SA
EXERCISE								SU

MONDAY / DATE _____ **FOCUS WORD(S):** _____

_____
_____
_____
_____
_____
_____
_____
_____

TUESDAY / DATE _____ **FOCUS WORD(S):** _____

_____
_____
_____
_____
_____
_____
_____
_____

WEDNESDAY / DATE _____ **FOCUS WORD(S):** _____

_____
_____
_____
_____
_____
_____
_____
_____

THURSDAY / DATE _____ FOCUS WORD(S): _____

FRIDAY / DATE _____ FOCUS WORD(S): _____

SATURDAY / DATE _____ FOCUS WORD(S): _____

SUNDAY / DATE _____ FOCUS WORD(S): _____

PRACTICES	M	T	W	TH	F	SAT	SUN	I AM MOST THANKFUL FOR TODAY:
GRATITUDE								M
AFFIRMATIONS								T
READING								W
MEDITATION / QUIET								TH
VISUALIZATION								F
WRITING								SA
EXERCISE								SU

MONDAY / DATE _____ **FOCUS WORD(S):** _____

_____
_____
_____
_____
_____
_____
_____

TUESDAY / DATE _____ **FOCUS WORD(S):** _____

_____
_____
_____
_____
_____
_____
_____

WEDNESDAY / DATE _____ **FOCUS WORD(S):** _____

_____
_____
_____
_____
_____
_____
_____

THURSDAY / DATE _____ FOCUS WORD(S): _____
_____
_____
_____
_____
_____
_____
_____
_____

FRIDAY / DATE _____ FOCUS WORD(S): _____
_____
_____
_____
_____
_____
_____
_____
_____

SATURDAY / DATE _____ FOCUS WORD(S): _____
_____
_____
_____
_____
_____
_____
_____
_____

SUNDAY / DATE _____ FOCUS WORD(S): _____
_____
_____
_____
_____
_____
_____
_____
_____

PRACTICES	M	T	W	TH	F	SAT	SUN	I AM MOST THANKFUL FOR TODAY:
GRATITUDE								M
AFFIRMATIONS								T
READING								W
MEDITATION / QUIET								TH
VISUALIZATION								F
WRITING								SA
EXERCISE								SU

MONDAY / DATE _____ **FOCUS WORD(S):** _____

_____
_____
_____
_____
_____
_____
_____
_____

TUESDAY / DATE _____ **FOCUS WORD(S):** _____

_____
_____
_____
_____
_____
_____
_____
_____

WEDNESDAY / DATE _____ **FOCUS WORD(S):** _____

_____
_____
_____
_____
_____
_____
_____
_____

THURSDAY / DATE _____ **FOCUS WORD(S):** _____

_____
_____
_____
_____
_____
_____
_____
_____
_____

FRIDAY / DATE _____ **FOCUS WORD(S):** _____

_____
_____
_____
_____
_____
_____
_____
_____
_____

SATURDAY / DATE _____ **FOCUS WORD(S):** _____

_____
_____
_____
_____
_____
_____
_____
_____
_____

SUNDAY / DATE _____ **FOCUS WORD(S):** _____

_____
_____
_____
_____
_____
_____
_____
_____
_____

PRACTICES	M	T	W	TH	F	SAT	SUN	I AM MOST THANKFUL FOR TODAY:
GRATITUDE								M
AFFIRMATIONS								T
READING								W
MEDITATION / QUIET								TH
VISUALIZATION								F
WRITING								SA
EXERCISE								SU

MONDAY / DATE _____ **FOCUS WORD(S):** _____

_____
_____
_____
_____
_____
_____
_____
_____

TUESDAY / DATE _____ **FOCUS WORD(S):** _____

_____
_____
_____
_____
_____
_____
_____
_____

WEDNESDAY / DATE _____ **FOCUS WORD(S):** _____

_____
_____
_____
_____
_____
_____
_____
_____

THURSDAY / DATE _____ **FOCUS WORD(S):** _____
_____
_____
_____
_____
_____
_____
_____
_____

FRIDAY / DATE _____ **FOCUS WORD(S):** _____
_____
_____
_____
_____
_____
_____
_____
_____

SATURDAY / DATE _____ **FOCUS WORD(S):** _____
_____
_____
_____
_____
_____
_____
_____
_____

SUNDAY / DATE _____ **FOCUS WORD(S):** _____
_____
_____
_____
_____
_____
_____
_____
_____

PRACTICES	M	T	W	TH	F	SAT	SUN	I AM MOST THANKFUL FOR TODAY:
GRATITUDE								M
AFFIRMATIONS								T
READING								W
MEDITATION / QUIET								TH
VISUALIZATION								F
WRITING								SA
EXERCISE								SU

MONDAY / DATE _____ **FOCUS WORD(S):** _____

_____
_____
_____
_____
_____
_____
_____

TUESDAY / DATE _____ **FOCUS WORD(S):** _____

_____
_____
_____
_____
_____
_____
_____

WEDNESDAY / DATE _____ **FOCUS WORD(S):** _____

_____
_____
_____
_____
_____
_____
_____

THURSDAY / DATE _____ **FOCUS WORD(S):** _____
_____
_____
_____
_____
_____
_____
_____
_____
_____

FRIDAY / DATE _____ **FOCUS WORD(S):** _____
_____
_____
_____
_____
_____
_____
_____
_____
_____

SATURDAY / DATE _____ **FOCUS WORD(S):** _____
_____
_____
_____
_____
_____
_____
_____
_____
_____

SUNDAY / DATE _____ **FOCUS WORD(S):** _____
_____
_____
_____
_____
_____
_____
_____
_____
_____

PRACTICES	M	T	W	TH	F	SAT	SUN	I AM MOST THANKFUL FOR TODAY:
GRATITUDE								M
AFFIRMATIONS								T
READING								W
MEDITATION / QUIET								TH
VISUALIZATION								F
WRITING								SA
EXERCISE								SU

MONDAY / DATE _____ **FOCUS WORD(S):** _____

TUESDAY / DATE _____ **FOCUS WORD(S):** _____

WEDNESDAY / DATE _____ **FOCUS WORD(S):** _____

THURSDAY / DATE _____ **FOCUS WORD(S):** _____
_____
_____
_____
_____
_____
_____
_____
_____

FRIDAY / DATE _____ **FOCUS WORD(S):** _____
_____
_____
_____
_____
_____
_____
_____
_____

SATURDAY / DATE _____ **FOCUS WORD(S):** _____
_____
_____
_____
_____
_____
_____
_____
_____

SUNDAY / DATE _____ **FOCUS WORD(S):** _____
_____
_____
_____
_____
_____
_____
_____
_____

PRACTICES	M	T	W	TH	F	SAT	SUN	I AM MOST THANKFUL FOR TODAY:
GRATITUDE								M
AFFIRMATIONS								T
READING								W
MEDITATION / QUIET								TH
VISUALIZATION								F
WRITING								SA
EXERCISE								SU

MONDAY / DATE _____ **FOCUS WORD(S):** _____

_____
_____
_____
_____
_____
_____
_____
_____

TUESDAY / DATE _____ **FOCUS WORD(S):** _____

_____
_____
_____
_____
_____
_____
_____
_____

WEDNESDAY / DATE _____ **FOCUS WORD(S):** _____

_____
_____
_____
_____
_____
_____
_____
_____

THURSDAY / DATE _____ FOCUS WORD(S): _____

FRIDAY / DATE _____ FOCUS WORD(S): _____

SATURDAY / DATE _____ FOCUS WORD(S): _____

SUNDAY / DATE _____ FOCUS WORD(S): _____

PRACTICES	M	T	W	TH	F	SAT	SUN	I AM MOST THANKFUL FOR TODAY:
GRATITUDE								M
AFFIRMATIONS								T
READING								W
MEDITATION / QUIET								TH
VISUALIZATION								F
WRITING								SA
EXERCISE								SU

MONDAY / DATE _____ **FOCUS WORD(S):** _____

_____
_____
_____
_____
_____
_____
_____

TUESDAY / DATE _____ **FOCUS WORD(S):** _____

_____
_____
_____
_____
_____
_____
_____

WEDNESDAY / DATE _____ **FOCUS WORD(S):** _____

_____
_____
_____
_____
_____
_____
_____

THURSDAY / DATE _____ FOCUS WORD(S): _____

FRIDAY / DATE _____ FOCUS WORD(S): _____

SATURDAY / DATE _____ FOCUS WORD(S): _____

SUNDAY / DATE _____ FOCUS WORD(S): _____

PRACTICES	M	T	W	TH	F	SAT	SUN	I AM MOST THANKFUL FOR TODAY:
GRATITUDE								M
AFFIRMATIONS								T
READING								W
MEDITATION / QUIET								TH
VISUALIZATION								F
WRITING								SA
EXERCISE								SU

MONDAY / DATE _____ **FOCUS WORD(S):** _____

_____
_____
_____
_____
_____
_____
_____
_____

TUESDAY / DATE _____ **FOCUS WORD(S):** _____

_____
_____
_____
_____
_____
_____
_____
_____

WEDNESDAY / DATE _____ **FOCUS WORD(S):** _____

_____
_____
_____
_____
_____
_____
_____
_____

THURSDAY / DATE _____ FOCUS WORD(S): _____

FRIDAY / DATE _____ FOCUS WORD(S): _____

SATURDAY / DATE _____ FOCUS WORD(S): _____

SUNDAY / DATE _____ FOCUS WORD(S): _____

PRACTICES	M	T	W	TH	F	SAT	SUN	I AM MOST THANKFUL FOR TODAY:
GRATITUDE								M
AFFIRMATIONS								T
READING								W
MEDITATION / QUIET								TH
VISUALIZATION								F
WRITING								SA
EXERCISE								SU

MONDAY / DATE _____ **FOCUS WORD(S):** _____
_____
_____
_____
_____
_____
_____
_____

TUESDAY / DATE _____ **FOCUS WORD(S):** _____
_____
_____
_____
_____
_____
_____
_____

WEDNESDAY / DATE _____ **FOCUS WORD(S):** _____
_____
_____
_____
_____
_____
_____
_____

THURSDAY / DATE _____ FOCUS WORD(S): _____
_____
_____
_____
_____
_____
_____
_____
_____

FRIDAY / DATE _____ FOCUS WORD(S): _____
_____
_____
_____
_____
_____
_____
_____
_____

SATURDAY / DATE _____ FOCUS WORD(S): _____
_____
_____
_____
_____
_____
_____
_____
_____

SUNDAY / DATE _____ FOCUS WORD(S): _____
_____
_____
_____
_____
_____
_____
_____
_____

PRACTICES	M	T	W	TH	F	SAT	SUN	I AM MOST THANKFUL FOR TODAY:
GRATITUDE								M
AFFIRMATIONS								T
READING								W
MEDITATION / QUIET								TH
VISUALIZATION								F
WRITING								SA
EXERCISE								SU

MONDAY / DATE _____ **FOCUS WORD(S):** _____

_____
_____
_____
_____
_____
_____
_____
_____

TUESDAY / DATE _____ **FOCUS WORD(S):** _____

_____
_____
_____
_____
_____
_____
_____
_____

WEDNESDAY / DATE _____ **FOCUS WORD(S):** _____

_____
_____
_____
_____
_____
_____
_____

THURSDAY / DATE _____ FOCUS WORD(S): _____

FRIDAY / DATE _____ FOCUS WORD(S): _____

SATURDAY / DATE _____ FOCUS WORD(S): _____

SUNDAY / DATE _____ FOCUS WORD(S): _____

PRACTICES	M	T	W	TH	F	SAT	SUN	I AM MOST THANKFUL FOR TODAY:
GRATITUDE								M
AFFIRMATIONS								T
READING								W
MEDITATION / QUIET								TH
VISUALIZATION								F
WRITING								SA
EXERCISE								SU

MONDAY / DATE _____ FOCUS WORD(S): _____

_____
_____
_____
_____
_____
_____
_____
_____

TUESDAY / DATE _____ FOCUS WORD(S): _____

_____
_____
_____
_____
_____
_____
_____
_____

WEDNESDAY / DATE _____ FOCUS WORD(S): _____

_____
_____
_____
_____
_____
_____
_____
_____

THURSDAY / DATE _____ **FOCUS WORD(S):** _____

FRIDAY / DATE _____ **FOCUS WORD(S):** _____

SATURDAY / DATE _____ **FOCUS WORD(S):** _____

SUNDAY / DATE _____ **FOCUS WORD(S):** _____

PRACTICES	M	T	W	TH	F	SAT	SUN	I AM MOST THANKFUL FOR TODAY:
GRATITUDE								M
AFFIRMATIONS								T
READING								W
MEDITATION / QUIET								TH
VISUALIZATION								F
WRITING								SA
EXERCISE								SU

MONDAY / DATE _____ **FOCUS WORD(S):** _____

_____
_____
_____
_____
_____
_____
_____
_____

TUESDAY / DATE _____ **FOCUS WORD(S):** _____

_____
_____
_____
_____
_____
_____
_____
_____

WEDNESDAY / DATE _____ **FOCUS WORD(S):** _____

_____
_____
_____
_____
_____
_____
_____
_____

THURSDAY / DATE _____ **FOCUS WORD(S):** _____

FRIDAY / DATE _____ **FOCUS WORD(S):** _____

SATURDAY / DATE _____ **FOCUS WORD(S):** _____

SUNDAY / DATE _____ **FOCUS WORD(S):** _____

PRACTICES	M	T	W	TH	F	SAT	SUN	I AM MOST THANKFUL FOR TODAY:
GRATITUDE								M
AFFIRMATIONS								T
READING								W
MEDITATION / QUIET								TH
VISUALIZATION								F
WRITING								SA
EXERCISE								SU

MONDAY / DATE _____ FOCUS WORD(S): _____

_____
_____
_____
_____
_____
_____
_____

TUESDAY / DATE _____ FOCUS WORD(S): _____

_____
_____
_____
_____
_____
_____
_____

WEDNESDAY / DATE _____ FOCUS WORD(S): _____

_____
_____
_____
_____
_____
_____
_____

THURSDAY / DATE _____ **FOCUS WORD(S):** _____

FRIDAY / DATE _____ **FOCUS WORD(S):** _____

SATURDAY / DATE _____ **FOCUS WORD(S):** _____

SUNDAY / DATE _____ **FOCUS WORD(S):** _____

PRACTICES	M	T	W	TH	F	SAT	SUN	I AM MOST THANKFUL FOR TODAY:
GRATITUDE								M
AFFIRMATIONS								T
READING								W
MEDITATION / QUIET								TH
VISUALIZATION								F
WRITING								SA
EXERCISE								SU

MONDAY / DATE _____ **FOCUS WORD(S):** _____

_____
_____
_____
_____
_____
_____
_____
_____

TUESDAY / DATE _____ **FOCUS WORD(S):** _____

_____
_____
_____
_____
_____
_____
_____
_____

WEDNESDAY / DATE _____ **FOCUS WORD(S):** _____

_____
_____
_____
_____
_____
_____
_____
_____

THURSDAY / DATE _____ **FOCUS WORD(S):** _____

FRIDAY / DATE _____ **FOCUS WORD(S):** _____

SATURDAY / DATE _____ **FOCUS WORD(S):** _____

SUNDAY / DATE _____ **FOCUS WORD(S):** _____

PRACTICES	M	T	W	TH	F	SAT	SUN	I AM MOST THANKFUL FOR TODAY:
GRATITUDE								M
AFFIRMATIONS								T
READING								W
MEDITATION / QUIET								TH
VISUALIZATION								F
WRITING								SA
EXERCISE								SU

MONDAY / DATE _____ **FOCUS WORD(S):** _____
_____
_____
_____
_____
_____
_____
_____
_____

TUESDAY / DATE _____ **FOCUS WORD(S):** _____
_____
_____
_____
_____
_____
_____
_____
_____

WEDNESDAY / DATE _____ **FOCUS WORD(S):** _____
_____
_____
_____
_____
_____
_____
_____
_____

THURSDAY / DATE _____ FOCUS WORD(S): _____

FRIDAY / DATE _____ FOCUS WORD(S): _____

SATURDAY / DATE _____ FOCUS WORD(S): _____

SUNDAY / DATE _____ FOCUS WORD(S): _____

PRACTICES	M	T	W	TH	F	SAT	SUN	I AM MOST THANKFUL FOR TODAY:
GRATITUDE								M
AFFIRMATIONS								T
READING								W
MEDITATION / QUIET								TH
VISUALIZATION								F
WRITING								SA
EXERCISE								SU

MONDAY / DATE _____ **FOCUS WORD(S):** _____
_____
_____
_____
_____
_____
_____
_____

TUESDAY / DATE _____ **FOCUS WORD(S):** _____
_____
_____
_____
_____
_____
_____
_____

WEDNESDAY / DATE _____ **FOCUS WORD(S):** _____
_____
_____
_____
_____
_____
_____
_____

THURSDAY / DATE _____ **FOCUS WORD(S):** _____

_____
_____
_____
_____
_____
_____
_____
_____

FRIDAY / DATE _____ **FOCUS WORD(S):** _____

_____
_____
_____
_____
_____
_____
_____
_____

SATURDAY / DATE _____ **FOCUS WORD(S):** _____

_____
_____
_____
_____
_____
_____
_____
_____

SUNDAY / DATE _____ **FOCUS WORD(S):** _____

_____
_____
_____
_____
_____
_____
_____
_____

PRACTICES	M	T	W	TH	F	SAT	SUN	I AM MOST THANKFUL FOR TODAY:
GRATITUDE								M
AFFIRMATIONS								T
READING								W
MEDITATION / QUIET								TH
VISUALIZATION								F
WRITING								SA
EXERCISE								SU

MONDAY / DATE _____ **FOCUS WORD(S):** _____

_____
_____
_____
_____
_____
_____
_____
_____

TUESDAY / DATE _____ **FOCUS WORD(S):** _____

_____
_____
_____
_____
_____
_____
_____
_____

WEDNESDAY / DATE _____ **FOCUS WORD(S):** _____

_____
_____
_____
_____
_____
_____
_____
_____

THURSDAY / DATE _____ FOCUS WORD(S): _____

FRIDAY / DATE _____ FOCUS WORD(S): _____

SATURDAY / DATE _____ FOCUS WORD(S): _____

SUNDAY / DATE _____ FOCUS WORD(S): _____

PRACTICES	M	T	W	TH	F	SAT	SUN	I AM MOST THANKFUL FOR TODAY:
GRATITUDE								M
AFFIRMATIONS								T
READING								W
MEDITATION / QUIET								TH
VISUALIZATION								F
WRITING								SA
EXERCISE								SU

MONDAY / DATE _____ **FOCUS WORD(S):** _____
_____
_____
_____
_____
_____
_____
_____
_____

TUESDAY / DATE _____ **FOCUS WORD(S):** _____
_____
_____
_____
_____
_____
_____
_____
_____

WEDNESDAY / DATE _____ **FOCUS WORD(S):** _____
_____
_____
_____
_____
_____
_____
_____
_____

THURSDAY / DATE _____ **FOCUS WORD(S):** _____

_____
_____
_____
_____
_____
_____
_____
_____
_____

FRIDAY / DATE _____ **FOCUS WORD(S):** _____

_____
_____
_____
_____
_____
_____
_____
_____
_____

SATURDAY / DATE _____ **FOCUS WORD(S):** _____

_____
_____
_____
_____
_____
_____
_____
_____
_____

SUNDAY / DATE _____ **FOCUS WORD(S):** _____

_____
_____
_____
_____
_____
_____
_____
_____
_____

PRACTICES	M	T	W	TH	F	SAT	SUN	I AM MOST THANKFUL FOR TODAY:
GRATITUDE								M
AFFIRMATIONS								T
READING								W
MEDITATION / QUIET								TH
VISUALIZATION								F
WRITING								SA
EXERCISE								SU

MONDAY / DATE _____ **FOCUS WORD(S):** _____

_____
_____
_____
_____
_____
_____
_____

TUESDAY / DATE _____ **FOCUS WORD(S):** _____

_____
_____
_____
_____
_____
_____
_____

WEDNESDAY / DATE _____ **FOCUS WORD(S):** _____

_____
_____
_____
_____
_____
_____
_____

THURSDAY / DATE _____ FOCUS WORD(S): _____

FRIDAY / DATE _____ FOCUS WORD(S): _____

SATURDAY / DATE _____ FOCUS WORD(S): _____

SUNDAY / DATE _____ FOCUS WORD(S): _____

PRACTICES	M	T	W	TH	F	SAT	SUN	I AM MOST THANKFUL FOR TODAY:
GRATITUDE								M
AFFIRMATIONS								T
READING								W
MEDITATION / QUIET								TH
VISUALIZATION								F
WRITING								SA
EXERCISE								SU

MONDAY / DATE _____ FOCUS WORD(S): _____

_____
_____
_____
_____
_____
_____
_____
_____

TUESDAY / DATE _____ FOCUS WORD(S): _____

_____
_____
_____
_____
_____
_____
_____
_____

WEDNESDAY / DATE _____ FOCUS WORD(S): _____

_____
_____
_____
_____
_____
_____
_____
_____

THURSDAY / DATE _____ FOCUS WORD(S): _____

FRIDAY / DATE _____ FOCUS WORD(S): _____

SATURDAY / DATE _____ FOCUS WORD(S): _____

SUNDAY / DATE _____ FOCUS WORD(S): _____

PRACTICES	M	T	W	TH	F	SAT	SUN	I AM MOST THANKFUL FOR TODAY:
GRATITUDE								M
AFFIRMATIONS								T
READING								W
MEDITATION / QUIET								TH
VISUALIZATION								F
WRITING								SA
EXERCISE								SU

MONDAY / DATE _____ FOCUS WORD(S): _____

_____
_____
_____
_____
_____
_____
_____
_____

TUESDAY / DATE _____ FOCUS WORD(S): _____

_____
_____
_____
_____
_____
_____
_____
_____

WEDNESDAY / DATE _____ FOCUS WORD(S): _____

_____
_____
_____
_____
_____
_____
_____
_____

THURSDAY / DATE _____ **FOCUS WORD(S):** _____
_____
_____
_____
_____
_____
_____
_____
_____

FRIDAY / DATE _____ **FOCUS WORD(S):** _____
_____
_____
_____
_____
_____
_____
_____
_____

SATURDAY / DATE _____ **FOCUS WORD(S):** _____
_____
_____
_____
_____
_____
_____
_____
_____

SUNDAY / DATE _____ **FOCUS WORD(S):** _____
_____
_____
_____
_____
_____
_____
_____
_____

PRACTICES	M	T	W	TH	F	SAT	SUN	I AM MOST THANKFUL FOR TODAY:
GRATITUDE								M
AFFIRMATIONS								T
READING								W
MEDITATION / QUIET								TH
VISUALIZATION								F
WRITING								SA
EXERCISE								SU

MONDAY / DATE _____ **FOCUS WORD(S):** _____

_____
_____
_____
_____
_____
_____
_____
_____

TUESDAY / DATE _____ **FOCUS WORD(S):** _____

_____
_____
_____
_____
_____
_____
_____
_____

WEDNESDAY / DATE _____ **FOCUS WORD(S):** _____

_____
_____
_____
_____
_____
_____
_____

THURSDAY / DATE _____ **FOCUS WORD(S):** _____
_____
_____
_____
_____
_____
_____
_____
_____

FRIDAY / DATE _____ **FOCUS WORD(S):** _____
_____
_____
_____
_____
_____
_____
_____
_____

SATURDAY / DATE _____ **FOCUS WORD(S):** _____
_____
_____
_____
_____
_____
_____
_____
_____

SUNDAY / DATE _____ **FOCUS WORD(S):** _____
_____
_____
_____
_____
_____
_____
_____
_____

PRACTICES	M	T	W	TH	F	SAT	SUN	I AM MOST THANKFUL FOR TODAY:
GRATITUDE								M
AFFIRMATIONS								T
READING								W
MEDITATION / QUIET								TH
VISUALIZATION								F
WRITING								SA
EXERCISE								SU

MONDAY / DATE _____ **FOCUS WORD(S):** _____

_____
_____
_____
_____
_____
_____
_____

TUESDAY / DATE _____ **FOCUS WORD(S):** _____

_____
_____
_____
_____
_____
_____
_____

WEDNESDAY / DATE _____ **FOCUS WORD(S):** _____

_____
_____
_____
_____
_____
_____
_____

THURSDAY / DATE _____ FOCUS WORD(S): _____
_____
_____
_____
_____
_____
_____
_____
_____
_____

FRIDAY / DATE _____ FOCUS WORD(S): _____
_____
_____
_____
_____
_____
_____
_____
_____
_____

SATURDAY / DATE _____ FOCUS WORD(S): _____
_____
_____
_____
_____
_____
_____
_____
_____
_____

SUNDAY / DATE _____ FOCUS WORD(S): _____
_____
_____
_____
_____
_____
_____
_____
_____
_____

PRACTICES	M	T	W	TH	F	SAT	SUN
GRATITUDE							
AFFIRMATIONS							
READING							
MEDITATION / QUIET							
VISUALIZATION							
WRITING							
EXERCISE							

I AM MOST THANKFUL FOR TODAY:

M	
T	
W	
TH	
F	
SA	
SU	

MONDAY / DATE _____ **FOCUS WORD(S):** _____

_____
_____
_____
_____
_____
_____
_____
_____

TUESDAY / DATE _____ **FOCUS WORD(S):** _____

_____
_____
_____
_____
_____
_____
_____
_____

WEDNESDAY / DATE _____ **FOCUS WORD(S):** _____

_____
_____
_____
_____
_____
_____
_____
_____

THURSDAY / DATE _____ **FOCUS WORD(S):** _____

_____
_____
_____
_____
_____
_____
_____
_____

FRIDAY / DATE _____ **FOCUS WORD(S):** _____

_____
_____
_____
_____
_____
_____
_____
_____

SATURDAY / DATE _____ **FOCUS WORD(S):** _____

_____
_____
_____
_____
_____
_____
_____
_____

SUNDAY / DATE _____ **FOCUS WORD(S):** _____

_____
_____
_____
_____
_____
_____
_____
_____

PRACTICES	M	T	W	TH	F	SAT	SUN	I AM MOST THANKFUL FOR TODAY:
GRATITUDE							M	
AFFIRMATIONS							T	
READING							W	
MEDITATION / QUIET							TH	
VISUALIZATION							F	
WRITING							SA	
EXERCISE							SU	

MONDAY / DATE _____ **FOCUS WORD(S):** _____

_____
_____
_____
_____
_____
_____
_____

TUESDAY / DATE _____ **FOCUS WORD(S):** _____

_____
_____
_____
_____
_____
_____
_____

WEDNESDAY / DATE _____ **FOCUS WORD(S):** _____

_____
_____
_____
_____
_____
_____
_____

THURSDAY / DATE _____ FOCUS WORD(S): _____

FRIDAY / DATE _____ FOCUS WORD(S): _____

SATURDAY / DATE _____ FOCUS WORD(S): _____

SUNDAY / DATE _____ FOCUS WORD(S): _____

PRACTICES	M	T	W	TH	F	SAT	SUN	I AM MOST THANKFUL FOR TODAY:
GRATITUDE								M
AFFIRMATIONS								T
READING								W
MEDITATION / QUIET								TH
VISUALIZATION								F
WRITING								SA
EXERCISE								SU

MONDAY / DATE _____ **FOCUS WORD(S):** _____

_____
_____
_____
_____
_____
_____
_____

TUESDAY / DATE _____ **FOCUS WORD(S):** _____

_____
_____
_____
_____
_____
_____
_____

WEDNESDAY / DATE _____ **FOCUS WORD(S):** _____

_____
_____
_____
_____
_____
_____
_____

THURSDAY / DATE _____ **FOCUS WORD(S):** _____
_____
_____
_____
_____
_____
_____
_____
_____

FRIDAY / DATE _____ **FOCUS WORD(S):** _____
_____
_____
_____
_____
_____
_____
_____
_____

SATURDAY / DATE _____ **FOCUS WORD(S):** _____
_____
_____
_____
_____
_____
_____
_____
_____

SUNDAY / DATE _____ **FOCUS WORD(S):** _____
_____
_____
_____
_____
_____
_____
_____
_____

PRACTICES	M	T	W	TH	F	SAT	SUN	I AM MOST THANKFUL FOR TODAY:
GRATITUDE								M
AFFIRMATIONS								T
READING								W
MEDITATION / QUIET								TH
VISUALIZATION								F
WRITING								SA
EXERCISE								SU

MONDAY / DATE _____ **FOCUS WORD(S):** _____
_____
_____
_____
_____
_____
_____
_____
_____

TUESDAY / DATE _____ **FOCUS WORD(S):** _____
_____
_____
_____
_____
_____
_____
_____
_____

WEDNESDAY / DATE _____ **FOCUS WORD(S):** _____
_____
_____
_____
_____
_____
_____
_____

THURSDAY / DATE _____ FOCUS WORD(S): _____

FRIDAY / DATE _____ FOCUS WORD(S): _____

SATURDAY / DATE _____ FOCUS WORD(S): _____

SUNDAY / DATE _____ FOCUS WORD(S): _____

PRACTICES	M	T	W	TH	F	SAT	SUN	I AM MOST THANKFUL FOR TODAY:
GRATITUDE								M
AFFIRMATIONS								T
READING								W
MEDITATION / QUIET								TH
VISUALIZATION								F
WRITING								SA
EXERCISE								SU

MONDAY / DATE _____ FOCUS WORD(S): _____

_____
_____
_____
_____
_____
_____
_____
_____

TUESDAY / DATE _____ FOCUS WORD(S): _____

_____
_____
_____
_____
_____
_____
_____
_____

WEDNESDAY / DATE _____ FOCUS WORD(S): _____

_____
_____
_____
_____
_____
_____
_____
_____

THURSDAY / DATE _____ FOCUS WORD(S): _____

FRIDAY / DATE _____ FOCUS WORD(S): _____

SATURDAY / DATE _____ FOCUS WORD(S): _____

SUNDAY / DATE _____ FOCUS WORD(S): _____

PRACTICES	M	T	W	TH	F	SAT	SUN	I AM MOST THANKFUL FOR TODAY:
GRATITUDE								M
AFFIRMATIONS								T
READING								W
MEDITATION / QUIET								TH
VISUALIZATION								F
WRITING								SA
EXERCISE								SU

MONDAY / DATE _____ **FOCUS WORD(S):** _____

_____
_____
_____
_____
_____
_____
_____
_____

TUESDAY / DATE _____ **FOCUS WORD(S):** _____

_____
_____
_____
_____
_____
_____
_____
_____

WEDNESDAY / DATE _____ **FOCUS WORD(S):** _____

_____
_____
_____
_____
_____
_____
_____
_____

THURSDAY / DATE _____ FOCUS WORD(S): _____
_____
_____
_____
_____
_____
_____
_____
_____

FRIDAY / DATE _____ FOCUS WORD(S): _____
_____
_____
_____
_____
_____
_____
_____
_____

SATURDAY / DATE _____ FOCUS WORD(S): _____
_____
_____
_____
_____
_____
_____
_____
_____

SUNDAY / DATE _____ FOCUS WORD(S): _____
_____
_____
_____
_____
_____
_____
_____
_____

PRACTICES	M	T	W	TH	F	SAT	SUN	I AM MOST THANKFUL FOR TODAY:
GRATITUDE								M
AFFIRMATIONS								T
READING								W
MEDITATION / QUIET								TH
VISUALIZATION								F
WRITING								SA
EXERCISE								SU

MONDAY / DATE _____ **FOCUS WORD(S):** _____

TUESDAY / DATE _____ **FOCUS WORD(S):** _____

WEDNESDAY / DATE _____ **FOCUS WORD(S):** _____

THURSDAY / DATE _____ **FOCUS WORD(S):** _____
_____
_____
_____
_____
_____
_____
_____
_____

FRIDAY / DATE _____ **FOCUS WORD(S):** _____
_____
_____
_____
_____
_____
_____
_____
_____

SATURDAY / DATE _____ **FOCUS WORD(S):** _____
_____
_____
_____
_____
_____
_____
_____
_____

SUNDAY / DATE _____ **FOCUS WORD(S):** _____
_____
_____
_____
_____
_____
_____
_____
_____

PRACTICES	M	T	W	TH	F	SAT	SUN	I AM MOST THANKFUL FOR TODAY:
GRATITUDE								M
AFFIRMATIONS								T
READING								W
MEDITATION / QUIET								TH
VISUALIZATION								F
WRITING								SA
EXERCISE								SU

MONDAY / DATE _____ **FOCUS WORD(S):** _____

_____
_____
_____
_____
_____
_____
_____

TUESDAY / DATE _____ **FOCUS WORD(S):** _____

_____
_____
_____
_____
_____
_____
_____

WEDNESDAY / DATE _____ **FOCUS WORD(S):** _____

_____
_____
_____
_____
_____
_____
_____

THURSDAY / DATE _____ FOCUS WORD(S): _____
_____
_____
_____
_____
_____
_____
_____
_____
_____

FRIDAY / DATE _____ FOCUS WORD(S): _____
_____
_____
_____
_____
_____
_____
_____
_____
_____

SATURDAY / DATE _____ FOCUS WORD(S): _____
_____
_____
_____
_____
_____
_____
_____
_____
_____

SUNDAY / DATE _____ FOCUS WORD(S): _____
_____
_____
_____
_____
_____
_____
_____
_____
_____

PRACTICES	M	T	W	TH	F	SAT	SUN	I AM MOST THANKFUL FOR TODAY:
GRATITUDE								M
AFFIRMATIONS								T
READING								W
MEDITATION / QUIET								TH
VISUALIZATION								F
WRITING								SA
EXERCISE								SU

MONDAY / DATE _____ FOCUS WORD(S): _____

_____

_____

_____

_____

_____

_____

TUESDAY / DATE _____ FOCUS WORD(S): _____

_____

_____

_____

_____

_____

_____

WEDNESDAY / DATE _____ FOCUS WORD(S): _____

_____

_____

_____

_____

_____

_____

THURSDAY / DATE _____ **FOCUS WORD(S):** _____
_____
_____
_____
_____
_____
_____
_____
_____

FRIDAY / DATE _____ **FOCUS WORD(S):** _____
_____
_____
_____
_____
_____
_____
_____
_____

SATURDAY / DATE _____ **FOCUS WORD(S):** _____
_____
_____
_____
_____
_____
_____
_____
_____

SUNDAY / DATE _____ **FOCUS WORD(S):** _____
_____
_____
_____
_____
_____
_____
_____
_____

PRACTICES	M	T	W	TH	F	SAT	SUN	I AM MOST THANKFUL FOR TODAY:
GRATITUDE								M
AFFIRMATIONS								T
READING								W
MEDITATION / QUIET								TH
VISUALIZATION								F
WRITING								SA
EXERCISE								SU

MONDAY / DATE _____ FOCUS WORD(S): _____

_____
_____
_____
_____
_____
_____
_____
_____

TUESDAY / DATE _____ FOCUS WORD(S): _____

_____
_____
_____
_____
_____
_____
_____
_____

WEDNESDAY / DATE _____ FOCUS WORD(S): _____

_____
_____
_____
_____
_____
_____
_____
_____

THURSDAY / DATE _____ FOCUS WORD(S): _____

FRIDAY / DATE _____ FOCUS WORD(S): _____

SATURDAY / DATE _____ FOCUS WORD(S): _____

SUNDAY / DATE _____ FOCUS WORD(S): _____

PRACTICES	M	T	W	TH	F	SAT	SUN	I AM MOST THANKFUL FOR TODAY:
GRATITUDE								M
AFFIRMATIONS								T
READING								W
MEDITATION / QUIET								TH
VISUALIZATION								F
WRITING								SA
EXERCISE								SU

MONDAY / DATE _____ **FOCUS WORD(S):** _____

_____
_____
_____
_____
_____
_____
_____

TUESDAY / DATE _____ **FOCUS WORD(S):** _____

_____
_____
_____
_____
_____
_____
_____

WEDNESDAY / DATE _____ **FOCUS WORD(S):** _____

_____
_____
_____
_____
_____
_____
_____

THURSDAY / DATE _____ **FOCUS WORD(S):** _____

_____
_____
_____
_____
_____
_____
_____
_____

FRIDAY / DATE _____ **FOCUS WORD(S):** _____

_____
_____
_____
_____
_____
_____
_____
_____

SATURDAY / DATE _____ **FOCUS WORD(S):** _____

_____
_____
_____
_____
_____
_____
_____
_____

SUNDAY / DATE _____ **FOCUS WORD(S):** _____

_____
_____
_____
_____
_____
_____
_____
_____

PRACTICES	M	T	W	TH	F	SAT	SUN	I AM MOST THANKFUL FOR TODAY:
GRATITUDE								M
AFFIRMATIONS								T
READING								W
MEDITATION / QUIET								TH
VISUALIZATION								F
WRITING								SA
EXERCISE								SU

MONDAY / DATE _____ **FOCUS WORD(S):** _____

_____
_____
_____
_____
_____
_____
_____

TUESDAY / DATE _____ **FOCUS WORD(S):** _____

_____
_____
_____
_____
_____
_____
_____

WEDNESDAY / DATE _____ **FOCUS WORD(S):** _____

_____
_____
_____
_____
_____
_____
_____

THURSDAY / DATE _____ **FOCUS WORD(S):** _____
_____
_____
_____
_____
_____
_____
_____
_____

FRIDAY / DATE _____ **FOCUS WORD(S):** _____
_____
_____
_____
_____
_____
_____
_____
_____

SATURDAY / DATE _____ **FOCUS WORD(S):** _____
_____
_____
_____
_____
_____
_____
_____
_____

SUNDAY / DATE _____ **FOCUS WORD(S):** _____
_____
_____
_____
_____
_____
_____
_____
_____

PRACTICES	M	T	W	TH	F	SAT	SUN	I AM MOST THANKFUL FOR TODAY:
GRATITUDE								M
AFFIRMATIONS								T
READING								W
MEDITATION / QUIET								TH
VISUALIZATION								F
WRITING								SA
EXERCISE								SU

MONDAY / DATE _____ FOCUS WORD(S): _____

_____
_____
_____
_____
_____
_____
_____
_____

TUESDAY / DATE _____ FOCUS WORD(S): _____

_____
_____
_____
_____
_____
_____
_____
_____

WEDNESDAY / DATE _____ FOCUS WORD(S): _____

_____
_____
_____
_____
_____
_____
_____
_____

THURSDAY / DATE _____ **FOCUS WORD(S):** _____

FRIDAY / DATE _____ **FOCUS WORD(S):** _____

SATURDAY / DATE _____ **FOCUS WORD(S):** _____

SUNDAY / DATE _____ **FOCUS WORD(S):** _____

PRACTICES	M	T	W	TH	F	SAT	SUN	I AM MOST THANKFUL FOR TODAY:
GRATITUDE								M
AFFIRMATIONS								T
READING								W
MEDITATION / QUIET								TH
VISUALIZATION								F
WRITING								SA
EXERCISE								SU

MONDAY / DATE _____ **FOCUS WORD(S):** _____

_____
_____
_____
_____
_____
_____
_____

TUESDAY / DATE _____ **FOCUS WORD(S):** _____

_____
_____
_____
_____
_____
_____
_____

WEDNESDAY / DATE _____ **FOCUS WORD(S):** _____

_____
_____
_____
_____
_____
_____
_____

THURSDAY / DATE _____ **FOCUS WORD(S):** _____

_____
_____
_____
_____
_____
_____
_____
_____
_____

FRIDAY / DATE _____ **FOCUS WORD(S):** _____

_____
_____
_____
_____
_____
_____
_____
_____
_____

SATURDAY / DATE _____ **FOCUS WORD(S):** _____

_____
_____
_____
_____
_____
_____
_____
_____
_____

SUNDAY / DATE _____ **FOCUS WORD(S):** _____

_____
_____
_____
_____
_____
_____
_____
_____
_____

PRACTICES	M	T	W	TH	F	SAT	SUN	I AM MOST THANKFUL FOR TODAY:
GRATITUDE								M
AFFIRMATIONS								T
READING								W
MEDITATION / QUIET								TH
VISUALIZATION								F
WRITING								SA
EXERCISE								SU

MONDAY / DATE _____ **FOCUS WORD(S):** _____
_____
_____
_____
_____
_____
_____
_____

TUESDAY / DATE _____ **FOCUS WORD(S):** _____
_____
_____
_____
_____
_____
_____
_____
_____

WEDNESDAY / DATE _____ **FOCUS WORD(S):** _____
_____
_____
_____
_____
_____
_____
_____

THURSDAY / DATE _____ FOCUS WORD(S): _____

FRIDAY / DATE _____ FOCUS WORD(S): _____

SATURDAY / DATE _____ FOCUS WORD(S): _____

SUNDAY / DATE _____ FOCUS WORD(S): _____

PRACTICES	M	T	W	TH	F	SAT	SUN	I AM MOST THANKFUL FOR TODAY:
GRATITUDE								M
AFFIRMATIONS								T
READING								W
MEDITATION / QUIET								TH
VISUALIZATION								F
WRITING								SA
EXERCISE								SU

MONDAY / DATE _____ **FOCUS WORD(S):** _____

_____
_____
_____
_____
_____
_____
_____

TUESDAY / DATE _____ **FOCUS WORD(S):** _____

_____
_____
_____
_____
_____
_____
_____

WEDNESDAY / DATE _____ **FOCUS WORD(S):** _____

_____
_____
_____
_____
_____
_____
_____

THURSDAY / DATE _____ FOCUS WORD(S): _____
_____
_____
_____
_____
_____
_____
_____
_____
_____

FRIDAY / DATE _____ FOCUS WORD(S): _____
_____
_____
_____
_____
_____
_____
_____
_____
_____

SATURDAY / DATE _____ FOCUS WORD(S): _____
_____
_____
_____
_____
_____
_____
_____
_____
_____

SUNDAY / DATE _____ FOCUS WORD(S): _____
_____
_____
_____
_____
_____
_____
_____
_____
_____

PRACTICES	M	T	W	TH	F	SAT	SUN	I AM MOST THANKFUL FOR TODAY:
GRATITUDE								M
AFFIRMATIONS								T
READING								W
MEDITATION / QUIET								TH
VISUALIZATION								F
WRITING								SA
EXERCISE								SU

MONDAY / DATE _____ FOCUS WORD(S): _____
_____
_____
_____
_____
_____
_____
_____
_____

TUESDAY / DATE _____ FOCUS WORD(S): _____
_____
_____
_____
_____
_____
_____
_____
_____

WEDNESDAY / DATE _____ FOCUS WORD(S): _____
_____
_____
_____
_____
_____
_____
_____
_____

THURSDAY / DATE _____ **FOCUS WORD(S):** _____
_____
_____
_____
_____
_____
_____
_____
_____

FRIDAY / DATE _____ **FOCUS WORD(S):** _____
_____
_____
_____
_____
_____
_____
_____
_____

SATURDAY / DATE _____ **FOCUS WORD(S):** _____
_____
_____
_____
_____
_____
_____
_____
_____

SUNDAY / DATE _____ **FOCUS WORD(S):** _____
_____
_____
_____
_____
_____
_____
_____
_____

PRACTICES	M	T	W	TH	F	SAT	SUN	I AM MOST THANKFUL FOR TODAY:
GRATITUDE								M
AFFIRMATIONS								T
READING								W
MEDITATION / QUIET								TH
VISUALIZATION								F
WRITING								SA
EXERCISE								SU

MONDAY / DATE _____ **FOCUS WORD(S):** _____

_____
_____
_____
_____
_____
_____
_____

TUESDAY / DATE _____ **FOCUS WORD(S):** _____

_____
_____
_____
_____
_____
_____
_____

WEDNESDAY / DATE _____ **FOCUS WORD(S):** _____

_____
_____
_____
_____
_____
_____
_____

THURSDAY / DATE _____ **FOCUS WORD(S):** _____
_____
_____
_____
_____
_____
_____
_____
_____
_____

FRIDAY / DATE _____ **FOCUS WORD(S):** _____
_____
_____
_____
_____
_____
_____
_____
_____
_____

SATURDAY / DATE _____ **FOCUS WORD(S):** _____
_____
_____
_____
_____
_____
_____
_____
_____
_____

SUNDAY / DATE _____ **FOCUS WORD(S):** _____
_____
_____
_____
_____
_____
_____
_____
_____
_____

PRACTICES	M	T	W	TH	F	SAT	SUN	I AM MOST THANKFUL FOR TODAY:
GRATITUDE								M
AFFIRMATIONS								T
READING								W
MEDITATION / QUIET								TH
VISUALIZATION								F
WRITING								SA
EXERCISE								SU

MONDAY / DATE _____ **FOCUS WORD(S):** _____
_____
_____
_____
_____
_____
_____
_____

TUESDAY / DATE _____ **FOCUS WORD(S):** _____
_____
_____
_____
_____
_____
_____
_____

WEDNESDAY / DATE _____ **FOCUS WORD(S):** _____
_____
_____
_____
_____
_____
_____
_____

THURSDAY / DATE _____ FOCUS WORD(S): _____

FRIDAY / DATE _____ FOCUS WORD(S): _____

SATURDAY / DATE _____ FOCUS WORD(S): _____

SUNDAY / DATE _____ FOCUS WORD(S): _____

PRACTICES	M	T	W	TH	F	SAT	SUN	I AM MOST THANKFUL FOR TODAY:
GRATITUDE								M
AFFIRMATIONS								T
READING								W
MEDITATION / QUIET								TH
VISUALIZATION								F
WRITING								SA
EXERCISE								SU

MONDAY / DATE _____ FOCUS WORD(S): _____

_____
_____
_____
_____
_____
_____
_____

TUESDAY / DATE _____ FOCUS WORD(S): _____

_____
_____
_____
_____
_____
_____
_____

WEDNESDAY / DATE _____ FOCUS WORD(S): _____

_____
_____
_____
_____
_____
_____
_____

THURSDAY / DATE _____ FOCUS WORD(S): _____
_____
_____
_____
_____
_____
_____
_____
_____

FRIDAY / DATE _____ FOCUS WORD(S): _____
_____
_____
_____
_____
_____
_____
_____
_____

SATURDAY / DATE _____ FOCUS WORD(S): _____
_____
_____
_____
_____
_____
_____
_____
_____

SUNDAY / DATE _____ FOCUS WORD(S): _____
_____
_____
_____
_____
_____
_____
_____
_____

PRACTICES	M	T	W	TH	F	SAT	SUN
GRATITUDE							
AFFIRMATIONS							
READING							
MEDITATION / QUIET							
VISUALIZATION							
WRITING							
EXERCISE							

I AM MOST THANKFUL FOR TODAY:

M
T
W
TH
F
SA
SU

MONDAY / DATE _____ **FOCUS WORD(S):** _____
_____
_____
_____
_____
_____
_____
_____
_____

TUESDAY / DATE _____ **FOCUS WORD(S):** _____
_____
_____
_____
_____
_____
_____
_____
_____

WEDNESDAY / DATE _____ **FOCUS WORD(S):** _____
_____
_____
_____
_____
_____
_____
_____
_____

THURSDAY / DATE _____ FOCUS WORD(S): _____

FRIDAY / DATE _____ FOCUS WORD(S): _____

SATURDAY / DATE _____ FOCUS WORD(S): _____

SUNDAY / DATE _____ FOCUS WORD(S): _____

PRACTICES	M	T	W	TH	F	SAT	SUN	I AM MOST THANKFUL FOR TODAY:
GRATITUDE								M
AFFIRMATIONS								T
READING								W
MEDITATION / QUIET								TH
VISUALIZATION								F
WRITING								SA
EXERCISE								SU

MONDAY / DATE _____ FOCUS WORD(S): _____

_____
_____
_____
_____
_____
_____
_____
_____

TUESDAY / DATE _____ FOCUS WORD(S): _____

_____
_____
_____
_____
_____
_____
_____
_____

WEDNESDAY / DATE _____ FOCUS WORD(S): _____

_____
_____
_____
_____
_____
_____
_____
_____

THURSDAY / DATE _____ **FOCUS WORD(S):** _____
_____
_____
_____
_____
_____
_____
_____
_____

FRIDAY / DATE _____ **FOCUS WORD(S):** _____
_____
_____
_____
_____
_____
_____
_____
_____

SATURDAY / DATE _____ **FOCUS WORD(S):** _____
_____
_____
_____
_____
_____
_____
_____
_____

SUNDAY / DATE _____ **FOCUS WORD(S):** _____
_____
_____
_____
_____
_____
_____
_____
_____

PRACTICES	M	T	W	TH	F	SAT	SUN	I AM MOST THANKFUL FOR TODAY:
GRATITUDE								M
AFFIRMATIONS								T
READING								W
MEDITATION / QUIET								TH
VISUALIZATION								F
WRITING								SA
EXERCISE								SU

MONDAY / DATE _____ **FOCUS WORD(S):** _____

_____
_____
_____
_____
_____
_____
_____
_____

TUESDAY / DATE _____ **FOCUS WORD(S):** _____

_____
_____
_____
_____
_____
_____
_____
_____

WEDNESDAY / DATE _____ **FOCUS WORD(S):** _____

_____
_____
_____
_____
_____
_____
_____
_____

THURSDAY / DATE _____ FOCUS WORD(S): _____

FRIDAY / DATE _____ FOCUS WORD(S): _____

SATURDAY / DATE _____ FOCUS WORD(S): _____

SUNDAY / DATE _____ FOCUS WORD(S): _____

NOTES-SCRIBBLES-AHA'S

NOTES-SCRIBBLES-AHA'S

NOTES-SCRIBBLES-AHA'S

NOTES-SCRIBBLES-AHA'S

NOTES-SCRIBBLES-AHA'S

NOTES-SCRIBBLES-AHA'S

NOTES-SCRIBBLES-AHA'S

NOTES-SCRIBBLES-AHA'S

END OF YEAR THOUGHTS

END OF YEAR THOUGHTS

THE END

RESOURCES

BOOK: The Miracle Morning by Hal Elrod - WWW.MIRACLEMORNING.COM

I have published a couple of other journal books, one is for photographers, or people who want to get pictures of travel destinations, and the other one is for Etsy sellers.

You can view my other journals if you would like to at WWW.RELICSANDRHETORIC.COM

Thank you & best wishes,
Barbara Jean

www.ingramcontent.com/pod-product-compliance
Lightning Source LLC
Chambersburg PA
CBHW060455300426
44113CB00016B/2601